REGALO DIVINO
Mis clavos

Magdalena López

Reservados todos los derechos. No se permite la reproducción total o parcial de esta obra, ni su incorporación a un sistema informático, ni su transmisión en cualquier forma o por cualquier medio (electrónico, mecánico, fotocopia, grabación u otros) sin autorización previa y por escrito de los titulares del copyright. La infracción de dichos derechos puede constituir un delito contra la propiedad intelectual.

El contenido de esta obra es responsabilidad del autor y no refleja necesariamente las opiniones de la casa editora. Todos los textos fueron proporcionados por el autor, quien es el único responsable sobre los derechos de reproducción de los mismos.

Publicado por Ibukku
www.ibukku.com
Diseño y maquetación: Índigo Estudio Gráfico
Copyright © 2020 Magdalena López
ISBN Paperback:
ISBN eBook:

Este libro lo quiero dedicar a mis hijas Yasnay y Danay, a mis nietos y al resto de mi familia y amigos.

De estos amigos quiero agradecer a la primera persona que leyó mi manuscrito, Tony Durán, se sintió identificado y me impulsó a publicarlo. La segunda amiga fue Eloida Arzola, luego de leerlo me dijo que era una total locura pero que le gustaba. Finalmente menciono a Emely Nagid, que lo leyó e hizo una revisión de texto.

Doy gracias a todos los que hicieron posible que este libro llegara a sus manos. Agradezco al equipo de Ibukku por su apoyo en la publicación de este libro.

PRÓLOGO

Las creencias religiosas han marcado al hombre desde sus inicios, respondiendo a aquellas necesidades más apremiantes de la humanidad, la supervivencia, la vital carestía de dominar la naturaleza y sus cambios, el tema del amor, del miedo al dolor físico y mental, las culpas propias y ajenas, la vida y la incógnita de la muerte. La dominación mental, territorial y económica, entre otras.

No pretendo, con esta obra, imponer criterios dudosos, ni contradecir los suyos, es sólo una invitación a desafiar la imaginación. En estos tiempos de guerras, desastres naturales, enfermedades incurables y la tangible amenaza del fin del mundo, toma fuerza el cristianismo, surgen estudiosos bíblicos y se suman fieles cristianos con la esperanza de la salvación.

En nuestros días, en medio del caos mundial que se está viviendo, el hombre necesita aferrarse a algo y tener la fe en un mundo mejor. No importa de qué religión se esté hablando ni de quién es su Dios, «*ése es mi Dios*» y con eso le basta al hombre, somos humanos, perfecto sólo Dios.

Nuestra protagonista, contemporánea de esta convulsa época, se enreda en una telaraña psicológica y para lograr salir debe romper con toda una gama de conceptos enraizados que la llevan a los límites de la cordura.

Dejo en sus manos una obra para la reflexión, para el acercamiento al conocimiento humano y a su comprensión.

HOSPITAL SIQUIÁTRICO

Ése era el cartel que tapiaba la fachada del edificio, fue lo primero que divisó al entrar al hospital. A Susana la traían agarrada por los brazos, luchaba en el vano intento por zafarse y gritaba que no estaba loca, que sólo quería morir.

Como llegaba en crisis, fue necesaria una inyección para sedarla, la pusieron en un cuarto sin ventanas, con un aire acondicionado que llegaba al tuétano.

Entre sollozos y frases entrecortadas, quedó dormida en un sueño tan profundo como letal.

En la mañana despertó con los ojos hinchados y un terrible dolor de cabeza, muy desorientada, no era capaz de ubicarse, se sentó en la cama y con un leve recorrido de su mirada entrecortada, comprendió que no estaba en su casa, tampoco recordaba dónde estaba, su estado mental era de total confusión, se paró y fue hacia la puerta, estaba cerrada con seguridad, comenzó a golpearla desesperadamente pidiendo a gritos que abrieran, a su llamado llegó una enfermera.

—Buenos días, Susana, ¿cómo durmió?

—¿Dónde estoy?

—Anoche la trajeron con una crisis nerviosa, usted había intentado suicidarse.

—Ahora recuerdo, me resistí al ingreso por eso fue que me drogaron con esa inyección de porquería que me pusieron.

—La misma que tendré que ponerte si no te controlas y te calmas, estás muy agresiva.

—Pero es que no estoy loca y me tratan como tal.

—Nadie dijo que estás loca, eso lo acabas de decir tú, el hecho de que estés en un siquiátrico no quiere decir necesariamente eso, aunque sí necesitas atención médica.

—Yo quiero irme, ya me siento mejor.

—Eso no lo decido yo, a las nueve te verá el psiquiatra, ahora puedes asearte y esperar a que llegue, ya podrás hablar con él.

—Gracias enfermera y perdone mi impertinencia, es que realmente ni yo misma me soporto.

—Eso nos pasa a todos de vez en cuando, no te preocupes, báñate, que en el closet tienes ropas limpias y todo lo que necesitas por el momento.

Así lo hizo, como una buena niña fue a ducharse, con el agua fría terminaría de despabilarse, todavía sentía un ligero mareo, el agua caía como cascada sobre su cabeza y junto con el agua se iban aquellos pensamientos que el día anterior se habían instalado en su cerebro como una plaga venenosa «*el suicidio*». Ya no quería morir, pero tampoco tenía fuerzas para vivir aquella odisea por la que estaba atravesando, por primera vez en su vida tomó conciencia que realmente necesitaba la ayuda de un profesional; ni la cantidad de libros de autoayuda que había leído, ni la misma Biblia habían logrado ayudarla, se sentía inválida de pensamientos y la desesperación la hizo su presa, al extremo de nublar sus sentidos para querer morir. Por un momento dejó de pensar, algo difícil, pero se concentró en el agua purificadora que la limpiaba por dentro y por fuera, en ese estado de relajación estuvo por varios minutos, quizás la ayudaran los residuos de la droga que aún tenía en su vena.

Cuando salió del baño su semblante era otro, pero los ojos inquietos denunciaban que su lugar era precisamente ahí, no estaba nada bien para volver a salir a la calle a enfrentarse con el mundo, al menos tenía conciencia de eso, se dejaría ayudar, no tenía otra salida o su triste final no sería la muerte sino la locura, a la cual le tenía pánico, porque se sabía en los límites.

A las nueve en punto llegó el médico, un galeno alto, castaño, ojos pardos que infundían respeto con una dosis de ternura.

—¿Buenos días, ¿cómo amaneciste?

—Bien doctor… bueno, mejor que ayer.

—Ya eso está mejor¿te gustaría hablar ahora o prefieres que sea en otro momento?, no quisiera que te sintieras presionada, pero sí quiero hacerte una sola pregunta, ¿todavía quieres morir? De ser así puedo ayudarte, a ver… ¿Cómo prefieres morir?

Una sonrisa se dibujó en los labios de Susana, bajó la cabeza al tiempo que respondió.

—Ya no quiero morir, déjeme ir, aquí encerrada me pondré peor.

—No te sientas recluida, piensa que estás aquí para recuperar tu salud mental, pues cuando una persona llega al intento de suicidio, es porque realmente necesita ayuda.

—Ya le dije que no me quiero morir, fue sólo un intento porque me sentí terriblemente confundida, ya veo que ésa no es la solución, debo encontrar otra salida, la más fácil no me resultó.

—¿Ves?, me gusta eso que acabas de decir. ¿Estás dispuesta a contarme ahora?

—No doctor, perdóneme, pero no siento deseos de hablar.

—Bueno, entonces respóndeme algunas preguntas que necesito saber: ¿Qué edad tienes?

—30.

—¿Tienes hijos?

—No, no he querido tener.

—Estás a tiempo, todavía eres joven. ¿Trabajas? —continuó el doctor.

—Sí.

—¿Dónde?

—Soy arquitecta.

—¿Te gusta lo que haces?

—Sí, me encanta mi profesión.

—Un buen motivo para vivir. ¿Estás casada?

—Estuve, ahora soy divorciada.

—¿Y la separación fue de mutuo acuerdo?

—Sí, acabó como el mismo amor acabó.

—Te veo un poco cansada, por hoy no más preguntas, trata de descansar, que el medicamento que te receté te dará sueño, mañana hablamos, espero que estés de mejor humor y más relajada.

—Gracias doctor, trataré de ordenar mis ideas para ver si me logro expresar y llegar a desatar el nudo que tengo en el pecho que me quema la garganta.

—Te prometo que así será.

El médico fue muy paciente, a ella le agradó su sentido del humor, ya tenía algo a su favor, porque este hombre le inspiraba confianza. Los párpados comenzaron a pesarle y no podía conciliar ideas y mucho menos pensar en su problema, quedó dormida en unos minutos, en efecto, el medicamento era muy fuerte, quizás con el objetivo de que pasara muchas horas durmiendo para evitar sus ideas fijas.

En ese estado de soñolencia la mantuvieron durante una semana, el psiquiatra pasaba todos los días a ver la y a conversar con ella, aunque su estado de confusión mental se agudizaba por el efecto de los sedantes, a ella realmente no le importaba hablar de su problema, sólo quería dormir, respondía en monosílabos cualquier pregunta que su doctor le hiciera y éste sabía lo que hacía, simplemente la provocaba a hablar. Ella, indiferente, ya poco le importaba salir de ahí, era mejor dormir un sueño interminable.

El propósito del médico era que descansara y no se forzara para evitar la recaída en una depresión suicida, al menos dormida dejaba de pensar y los antidepresivos hacían su efecto. La semana siguiente comenzaría la disminución gradual de los medicamentos, de manera que luego de quince días quedaría sin drogadicción farmacológica y sus pensamientos retomarían la claridad y la concentración necesaria para ser sometida a terapia grupal.

—Buenos días Susana, te veo mucho mejor, hasta te has dado un poco de color en ese rostro, sabes que eso me agrada, empiezas a dar muestras de amor propio.

—No diga esas cosas doctor o me pondré más roja que el colorete que me acabo de poner, es que me avisaron que hoy a las diez de la mañana comienza la terapia, es en el segundo piso del hospital, es un grupo de 15 personas, según me informó la enfermera y... ¿Es usted quien la va a dar?

—No, la impartirá una psicóloga muy profesional, te va a gustar, eso sí, nosotros somos un equipo y nuestros trabajos son complementarios, así que no creas que te vas a librar tan fácilmente de mí, la terapia grupal durará aproximadamente un mes, en dependencia de la evolución de mis pacientes y en consulta individual los veré semanalmente, ¿alguna pregunta?

—No Doctor, entendí perfectamente, gracias por su explicación, espero que resulte, quiero volver a ser quien era antes.

—En eso te equivocas, sigues siendo la misma, lo que sí es que quizás aprendas algunas cosas que aun desconoces de ti misma y te aseguro que será para bien. Bueno, te dejo para que termines de prepararte, ya sabes, a las diez en punto en el salón del segundo piso, vas a ver el cartel que dice Terapia Grupal, de todas formas, a los de esta sala la enfermera Dulce los acompañará.

El médico salió de la habitación con una esperanza, esta muchacha recobraría su salud mental, sabía además que no le sería muy fácil, no podía subestimar su inteligencia. El efecto de la terapia se haría evidente en los primeros quince días.

Cita de la Organización Mundial de la Salud:

«Cada 40 Segundos una persona se suicida en el mundo.

El suicidio, declarado por la Organización Mundial de la Salud (OMS), es como un problema de salud pública que concierne a todos los gobiernos, es la causa de defunción anual de un millón de personas a nivel mundial.

Definido ‹como todo acto destructivo, auto infligido, fatal, realizado con la intención implícita o explícita de morir›, el suicidio también es descrito por Parrilla como la ‹manifestación más extrema de la violencia, por ser la violencia auto infligida›. La psicóloga explicó que el comportamiento suicida de una persona se puede observar en todos los sectores económicos y religiosos de la sociedad.

Entre los factores que sirven como posibles detonantes para que una persona que esté atravesando un momento de crisis pueda querer privarse de la vida, Parrilla apuntó al abuso de drogas, alcohol y trastornos depresivos y sicológicos, pérdida de familiares muy allegados, que conllevan a graves depresio-

nes, algunos compromisos sociales a los cuales la persona no pueda responder por diversas razones, como la situación económica y problemas matrimoniales, que siguen siendo la mayor cantidad de casos.»

El caso de Susana nada tenía que ver con el listado de la OMS.

Como estaba previsto, a las diez de la mañana ya entraban al grupo de terapia, la Dra. García esperaba a los cuatro pacientes que traía la enfermera Dulce.

El amplio salón tenía una decoración sencilla, tres cuadros muy relajantes adosados a las paredes, que tenían como factor común el agua, uno era un paisaje marino, otro un río y el otro una cascada, las grandes ventanas de cristal dejaban entrar la luz del día como ignorando las finas cortinas.

Las sillas formaban un semicírculo casi perfecto, cuatro asientos vacíos visaban que los pacientes que traía la enfermera eran los últimos que faltaban por entrar.

—Buenos días a todos, permítanme presentarme, soy la psicóloga Rosa García, será un gusto trabajar con ustedes, les puedo asegurar que, si hoy todos están aquí por una razón común, dentro de un tiempo los unirán otras razones como la amistad, la comprensión, la solidaridad, en fin, apoyarse unos a otros.

Conozco todos los diagnósticos, llevo varios días revisándolos, el método que voy a utilizar de terapia va a ser muy sencillo. Cada día discutiremos un tema diferente, basado en algún problema de uno de ustedes, lo haremos de manera anónima, es decir, que el argumento a colación nadie sabrá a quién se refiere, a no ser que el que se identifique desee hablar de manera espontánea, ¿alguna pregunta?

La doctora hizo un silencio para dar la oportunidad de que surgiera alguna pregunta, al ver que nadie se motivó, continúo.

—Vamos a comenzar, se van a presentar en el mismo orden en que están sentados, empezando por la izquierda, dirán primero su nombre, luego su edad y por último su profesión o dónde trabajan, de esa manera se irán conociendo.

El grupo resultó muy heterogéneo, seis profesionales, dos obreros, tres estudiantes, dos jubilados y una ama de casa.

—Hoy quiero empezar la terapia con la lectura de un poema, pero antes quiero contarles sobre la autora, les adelanto como un dato curioso, que este poema tiene más de 319 años, su autora ***Sor Juana Inés de la Cruz,*** nació en un pueblo de México en 1651 y falleció en la capital de dicho país en 1695. Fue una de las escritoras mexicanas más reconocidas del siglo XVII.

Bueno, no pretendo darles una clase de literatura, sólo quería que supieran de quién es el poema y la época en que fue escrito. Si alguno prefiere profundizar en su biografía o en sus obras, les recomiendo ir a la página de Wikipedia, ahí encontrarán todo lo relacionado sobre su obra y biografía. Ahora necesito de un voluntario que desee leer el poema, a ver... ¿quién se anima?

—Yo —dijo Elena al tiempo que levantaba su mano. Una joven de veinticuatro años, estudiante de literatura. Su tez pálida denotaba que llevaba un buen tiempo de ingreso, también había intentado el suicidio y se sabía que tenía un amor ya imposible, algo confesado a su psiquiatra, un amor por el novio fallecido, que aún no había superado.

—Pues adelante Elena, ven al frente por favor.

De una reflexión cuerda con que se mitiga el dolor de una pasión.

Con el dolor de la mortal herida,
de un agravio de amor me lamentaba,
y por ver si la muerte se llegaba
procuraba que fuese más crecida.

Toda en el mal el alma divertida,
pena por pena su dolor sumaba,
y en cada circunstancia ponderaba
que sobraban mil muertes a una vida.

Y cuando, al golpe de uno y otro tiro
rendido el corazón, daba penoso
señas de dar el último suspiro,

No sé con qué destino prodigioso
volví a mi acuerdo y dije: ¿qué me admiro?
¿Quién en amor ha sido más dichoso?

Elena comenzó a leer, mientras leía no pudo evitar humedecer sus ojos marrones, casi prestos, al brotar la primera lágrima, a la mitad del poema entregó el papel a la psicóloga y se fue a sentar ocultando el rostro detrás de sus manos temblorosas.

—Gracias Elena, lo intentaste. ¿Quién puede continuar la lectura?

Esta vez fue Susana quien decididamente se puso de pie para hacerse cargo de la situación, tomó el papel en sus manos y más que leer iba dándole sentido a cada palabra con la expresión de su rostro, con muy buena entonación y una dulce cadencia. Se hizo en el grupo un absoluto silencio y todos disfrutaron la lectura, aunque quizás no todos entendieran su significado.

—Muchas gracias Susana, te felicito, has hecho tuyo el poema con la misma fuerza con que quizás la autora lo escribiera.

—Sí, debo confesarle que me encanta la poesía, justo por eso decidí leerla, también soy poeta, quizás frustrada porque sólo escribo anónimamente cuando me enamoro.

Su comentario provocó una que otra sonrisa. Para empezar, las cosas iban bien, se cumplía el primer objetivo de la terapia, primero que Elena se identificara y se abriera a su dolor sin avergonzarse ni sentirse culpable, su llanto asentía el sufrimiento, pero lo estaba enfrentando cuando decidió leer, al menos lo intentó y Susana se comportaba afable por primera vez desde su ingreso.

—Susana, me pareció por tu cara, que interpretaste muy bien el poema, ¿quieres aportar algo?

—Tanto como aportar no lo creo, a mi criterio la autora hace énfasis en que el amor puede ser muy doloroso, cuando no es correspondido puede devastar al corazón más duro, aun así, no deja de ser bello y precisamente es la idea del poema, al menos eso entendí yo, claro, sin perder nuestra autoestima.

—Bueno, la poesía casi siempre la hace suya quien la lee, ¿alguien más quiere comentar?

—Sí, yo quisiera decir algo más, a veces las personas, cuando sufren por amor, cierran su corazón a otras posibilidades por temor al dolor, estoy de acuerdo con Susana, hay ocasiones en que resulta placentero el amor con el dolor de no ser correspondidos, es como si lleváramos la semilla del masoquismo —sentenció Carlos. Este joven estudiante de medicina de sólo veintitrés años, también había llegado al hospital por la misma razón, ***el suicidio***, tras la muerte de un paciente por un mal diagnóstico del equipo médico. Ellos ignoraron su fundamentación en el caso y hasta lo suspendieron, el resultado fatal fue la muerte del paciente. Esto lo llevó a una fuerte depresión muy ligada a la frustración de no haber podido defender con más discernimiento su diagnóstico con su profesor tutor.

El pequeño grupo se fue animando y comenzaron los relatos de historias de amor, algunos ponían ejemplos personales y otros contaban en segunda persona la anécdota. El resultado final de esa primera terapia fue que todos se integraron al grupo, opinaron, debatieron y hasta risas hubo en el transcurso de la terapia, este ambiente agradable los hizo cómplices de algunas de sus historias. La hora pasó inadvertida, quedaron con deseos de seguir debatiendo el tema. Aprovechando que ya sabía que Susana escribía poesía, la incitó a recitar una de ellas para poner punto final al tema, esto la tomó por sorpresa y fue una oportunidad que no dejó pasar, era la primera vez que iba a compartir su poesía y sin pensarlo dos veces, dijo la primera que se le ocurrió, al menos ya sabía que su memoria volvía a su curso normal luego de tantos días de aturdimiento por los medicamentos.

La poesía decía textualmente así:

Te amo.
Te amo en la tempestad
de mi silencio dormido,
te amo con la sed que no se calma
con la esperanza que no existe.
Empañas mi paz sin juicio
y mi corazón es un vertedero
de ilusiones rotas, de deseos apagados,
de sueños muertos, de fantasías errantes
sin dueño y sin consuelo.

Esta vez quien humedeció los ojos fue Susana, la calaba muy a fondo, así era su poesía desgarradora. El aplauso del grupo la hizo volver a la realidad.

—Hemos terminado, pongo punto final a la terapia, los veo con otras caras, los que están internos pueden ir a sus salas y los externos ya pueden retirarse, mañana a la misma hora, traten de ser puntuales como hoy, muchas a gracias.

***

—Buen día Susana, vengo a decirte que hoy, luego de la terapia grupal, a la una de la tarde, tienes consulta individual con tu psiquiatra.

—Gracias enfermera, ya lo sabía, ayer la psicóloga me lo hizo saber.

—Lo sé, pero no está de más recordártelo, he notado cómo se quedan hablando en grupos por los pasillos, debatiendo temas de la terapia y el doctor es muy preciso con los horarios.

—No se preocupe usted, que estaré ahí a la una en punto.

Todos los pacientes entraban al salón de terapia con mucho dinamismo, parecían estudiantes dispuestos a entrar a su clase, sin lugar a duda la psicóloga Rosa les estaba tocando cada fibra de sus corazones. La única que no lograba integrarse al grupo era Carmen, la ama de casa de 62 años, quien hacia menos de tres meses había enviudado, sus hijos la ingresaron porque, aunque no decidió por el suicidio, para el caso era el mismo efecto, pues no quería comer y su debilidad espiritual se apareaba con su debilidad física. Cuando ingresó, su estado era deplorable. En las terapias no participaba y se mantenía enajenada de la realidad, los medicamentos que tomaba le provocaban un estado de soñolencia y su falta de interés era muy evidente.

—Buenos días a todos, por favor tomen asientos, hoy pueden seleccionar libremente dónde se quieran sentar.

Esta sencilla orientación dejaba claro que ya habían formado pequeños grupos de afinidad y era un interés de la psicóloga para evaluar el desarrollo de su perfil psicológico.

—Hoy les traigo una sorpresa, ¿ven esa gran caja que está frente ustedes?, está llena de disfraces, no crean que vamos a montar una obra de teatro, será algo mucho más divertido. Como saben, el baño del salón tiene dos puertas, una que da al pasillo y la otra que da para acá, cada uno de ustedes entrará al baño, se disfrazará y saldrá al pasillo para dar la vuelta por la puerta principal, puede que esto ahora les parezca una tontería, pero les puedo asegurar que va a ser una gran experiencia y además divertida. ¿Quién es el primero?

Levantó la mano Luis, un joven de sólo 20 años, estudiante de música, quien fracasó cuando intentaba formar un grupo musical y luego de haber aportado todos sus fondos, se vio obligado a abandonar la idea por falta de unidad de criterios, esto lo llevó a su gran depresión.

—Pues adelante, tú y Juan lleven la caja para el baño, te quedas dentro para ponerte el disfraz que escojas, eso tiene que ser lo más rápido posible, terminando, avisas con un doble toque en la puerta y sales sin ser visto al pasillo y así seguiremos hasta que los quince terminen de disfrazarse, por eso les pido que lo hagan lo más pronto posible, dejando la ropa que tienen ahora debajo, así que rapidito, sin perder tiempo.

El espíritu de niño en cada uno se hizo presente, se mostraron interesados y animados a entrar en el juego que les proponía la psicóloga, la única que dijo abiertamente que no estaba para esa bobería fue Carmen, ni se paró de su silla. La doctora no insistió, pues no quería presionarla, además, de igual forma disfrutaría de la segunda parte de la actividad, al menos eso esperaba Rosa.

En esta primera etapa de la actividad se evidenciarían algunos aspectos de interés para la doctora, deseaba comprobar la disposición para el juego que los haría cómplices y propiciaría la unidad armoniosa entre ellos, también la creatividad al poder elegir y combinar los disfraces, algo que podía poner al descubierto algunas características de sus personalidades según la elección.

Una vez reunidos en el salón, la doctora hizo una pausa para observar detenidamente a cada uno y les propuso tomar un video de la otra parte de la actividad, ya con el disfraz.

El objetivo del video era para que ellos se recrearan viendo sus conductas emocionales detrás del disfraz elegido.

—Como ven, esos disfraces representan un pasado, pues todos son de épocas anteriores, casi todos coloniales y hasta medievales, imaginemos que cada uno de ustedes es un personaje del pasado, por un rato van a dejar de ser quienes son ahora. Supongamos que estamos en una fiesta donde todos vamos a bailar las diferentes músicas que les pondré a continuación, no importa que alguno no sepa bailar, harán lo que deseen, saltar, correr, lo que se les ocurra.

La doctora puso una música de salón clásica, la risa se apoderó de ellos y comenzaron a danzar dando vueltas y girando tomados de las manos, se mostraban desenvueltos, alegres, sin un vestigio de apatía o tristeza, los que traían máscaras se mostraban más activos y flotaban en su danza con desinhibición escénica. Entre un tema y otro transcurrió media hora, estaban agotados de tanto saltar, además el calor que le provocaban los disfraces, aun así, estaban a gusto, pues las carcajadas y las frases que se decían entre ellos eran muestra de que se estaban divirtiendo y el personaje triste del presente se estaba ahuyentando. El efecto de disfrazarse crea un desdoble de la personalidad, pueden salir al descubierto rasgos de la personalidad muy sorprendentes, sobre todo cuando se trata sólo de un juego divertido y no de una obra de teatro.

***

—Buenas tardes doctor.

—Adelante Susana, te estaba esperando, ha sido muy puntual y eso me agrada.

—No crea que por voluntad propia, ya la enfermera me había dicho que usted exigía puntualidad.

—Bueno, déjame primero felicitarte, te ves radiante, nada que ver con la Susana que llegó aquí.

—Para ser honesta, me siento mucho mejor.

—Entonces ya estás preparada para hablar de lo que te llevó a tal depresión.

—No quería contarle ni a usted ni a nadie, porque estoy casi segura de que una vez que cuente, no me dejarán jamás salir de este hospital.

—Me asustas, ¿tan grave consideras tu problema?

—Antes de contarle déjeme hacerle un poco de historia para llegar al asunto. Desde niña, cuando tenía unos diez años, comencé a escribir poesías, pues me enamoré de un niño y fue el motor impulsor, desde aquella fecha no he parado de escribir esa poesía desgarradora que hago, pero ése no es el asunto como tal. Hace unos años me di a la tarea de escribir cuentos, pues la poesía sólo era para momentos de total inspiración.

Lo curioso del primer cuento que escribí, fue una noche ya dispuesta a dormir, me levanté de la cama como sonámbula, con la necesidad de escribir, me senté ante mi máquina y mis dedos, como flotando, iban recorriendo el teclado, le digo con honestidad, ni sabía lo que escribía, era un estado seminconsciente, la esencia del cuento al final era que estaba siendo poseída por algún ser irreal, un fantasma o algo extraño que no sé explicar. Terminé ese cuento y posteriormente una ráfaga de creatividad cayó sobre mi persona, en menos de quince días ya tenía un promedio de 13 o 14 cuentos. Casi a diario me surgía uno nuevo, lo más curioso de aquellos cuentos es que a pesar de que inventaba cosas absurdas o de ficción, terminaban haciéndose realidad. Los temas eran muy diversos, nada que ver uno con otro, en esa etapa escribí hasta de ciencia ficción, que también se ha hecho realidad, como la clonación. Déjeme confesarle que sentí terror y realmente me creí poseída, no podía creer que cada cosa que inventaba luego se hiciera realidad, me asusté tanto que por un largo tiempo decidí no escribir nada más, reprimiendo mis deseos, porque de que me gusta escribir, no me cabe la menor duda.

—Perdóname Susana pero hasta ahí no veo nada complicado, más bien debes aceptar ese don para la escritura y que algunos de tus cuentos se hagan realidad, es también lógico, se dice que en cada escritor hay una parte de sí mismo, pues se ligan las experiencias personales con la ficción y la creatividad, basadas en algo conocido que, empíricamente, pueden llevar a adelantar lo desconocido, como el caso de Julio Verne, aunque éste se adelantó mucho a su época, casi fue un profeta de la ciencia.

—Doctor, permítame terminar, hace unos días tuve un encuentro con Dios.

—No Susana, no hagas un cuento más por favor, ni los fieles creyentes han visto a Dios.

—Ya ve, sabía que no iba a creerme y ahora piensa que estoy totalmente loca. Ahora estoy como cansada, le prometo que en la próxima consulta le traigo narrado por escrito, cómo sucedió ese encuentro y será el último cuento que escriba en mi vida, porque además me lo sentenció, que si contaba era mi final, por eso quise suicidarme, ya estoy sentenciada de igual manera.

Salió de la pequeña habitación con la mirada fija en el piso, los mosaicos le parecían páneles que la tragaban, sabía que había cometido el más grave error de contarle al médico, aun sabiendo que no le creería.

El médico, por su parte, quedó muy defraudado, pues había llegado a pensar que Susana se rehabilitaba y eso que acababa de escuchar le hizo creer que realmente estaba demente, es posible que su estado mental fuera una total confusión y de ahí los inventos que la llevaban a mezclar la realidad con la ficción. No le quedó otra alternativa que esperar por el dichoso relato escrito que ella le había prometido para comprobar hasta dónde estaba afectada, de ser así tenía una doble personalidad, pues en las terapias con la Dra. Rosa le iba muy bien, había logrado fácilmente socializar, tener coherencia, ser reflexiva, analítica y realista.

Esa noche Susana no podía dormir, se sentía culpable de contar algo de lo que no tenía pruebas, aun así, ya estaba decidida, aunque el resultado fuera su reclusión total. Algo muy dentro de ella quería explotar, eran secretos muy difíciles de explicar, muy incongruentes, además que debían salir a la luz cuanto antes. Tomó una libreta que traía consigo siempre, donde escribía sus poesías, le quedaban hojas suficientes para escribir su verdad y si no le alcanzaban, ya se las agenciaría para pedir en la enfermería. Debía comenzar a escribir esa misma noche antes de que algo le impidiera poder contar la verdad.

Comenzó a escribir:

«Encuentro con Dios». Capítulo I.

Esto que voy a contarle nada tiene que ver con la ficción o la creación, es tan real como la propia locura en la que me encuentro desde ese día.

Estaba sentada en el portal de mi casa, eran aproximadamente las 11:25 p.m., como de costumbre, no tenía sueño, además hacía mucho calor, preferí ir a tomar el aire fresco. Miraba el cielo, observaba las estrellas a la espera de ver alguna fugaz. Me encontraba relajada, mi mente casi en blanco, los problemas cotidianos se habían esfumado, de momento sentí a mis espaldas una mano firme que me sujetaba por el hombro derecho, quise voltearme y no pude, quedé como petrificada en la silla, curiosamente no me aterré como debía haber pasado, entonces me ordenó voltearme. Frente a mí un sujeto alto, fornido, de musculatura bien definida, pelo rojizo y unos grandes ojos de mirada penetrante y de su piel emanaba una fosforescencia. Me dijo así:

—Soy tu Dios.

—No es cierto… sólo hay un Dios al que nadie puede ver… —le dije con voz temblorosa.

No tenía la menor idea de dónde había salido aquel sujeto que ni siquiera había servido para asustarme, su cara angelical trasmitía paz y confianza, nada que ver con el miedo.

—Me vas a escuchar sin interrumpirme, no quiero preguntas, al final tendrás todas las respuestas que has buscado desde hace muchos años, no creas que esto es una casualidad, hace mucho que te estoy regentando a mi propósito. ¿Recuerdas tu primer cuento?, aquél que escribiste sin una gota de conciencia, no fue casual, te estaba preparando para este día.

A partir de ahí —continuó— te inspiré en temas que me interesaban que fueran develados de una manera ingenua, que todo quedara como una ficción, pero me resultaste más perspicaz de que lo que esperaba y comenzaste tus propias investigaciones a la deriva, sin mi ayuda, buscaste en cuanta religión hallaste, y luego te refugiaste en las ciencias y temas paranormales, el resultado ha sido catastrófico, estás en un estado de confusión deprimente, sin embargo te has acercado tanto a la verdad que ya me resultas un problema, porque piensas demasiado y de ahí tu grave contrariedad. Escucha con atención, te haré partícipe de todo lo que ha sucedido a lo largo de la historia, aun de las cosas que los humanos no han descubierto, pero de nada te valdrá, no podrás contarlo jamás como un hecho verídico, quizás te permita escribirlo para que en un futuro quede testimonio de este día, no va a ser la primera vez que utilizo a alguien para este propósito, así hice con todos los profetas y personajes bíblicos, con algunos cometí errores y es el resultado del estado irremediable que tiene la Tierra actualmente.

Comienzo ahora a contarte: Hay un punto ciego donde se une la ciencia y la religión, es el que han buscado tantos hombres a través de los siglos y que les he negado, pero tú te has acercado peligrosamente a la verdad.

No podía hablar y mucho menos moverme, me había convertido en un bloque de hielo o de piedra, lo intenté varias veces y no pude, creo que el objetivo de mantenerme en ese estado era sólo para que no saliera corriendo, gritando o peor… contraatacara con mis preguntas habituales.

—Vas a conocer la verdad —prosiguió—, pero esa verdad te acercará a tu fin, aún no he decido cuál será tu final, me urge hacerlo, eres demasiado intrépida. Verás cuál fue el objetivo del sagrado libro llamado Biblia.

Ustedes los humanos que se creen terrestres, no lo son, han sido mi experimento fallido desde la primera pareja que creé, la conocida como Adán y Eva, esa fue la primera para empezar con el testimonio y la observación, pero de manera incógnita, dejé parejas en los diferentes continentes con características disímiles para luego comprobar los ADN y ver cuál resultaba más íntegra, de ahí las razas, que los científicos justifican con el clima. También fue uno de mis primeros errores, pues esas diferencias han traído conflictos raciales y hasta guerras, que han sido lo más detestable.

Mi objetivo con este experimento fue preparar la tierra para el futuro, soy el Dios de la creación y se los hice saber desde un principio, les llamé humanos y para diferenciarlos, hice que cada uno tuviera un plano en sus dedos, lo que ustedes llaman huellas dactilares, es con lo único que podía identificarlos en el futuro.

Hasta aquí todo parece muy sencillo, pero no es así, son una máquina perfecta diseñada para no morir y mucho menos enfermar, la diferencia estriba en que no cometí el error de dotar al 100% su cerebro como el mío, si no, no los hubiese podido controlar, de hecho, se me ha ido al desvío por muchos como tú, que no creen en nada o creen en que todo es posible.

Ahora te llevaré a la historia Bíblica, ésa en la que unos creen fielmente y que otros aborrecen o la tildan de obra literaria.

Los fieles creyentes en ese Dios superior, llámenle como le llamen según sus experiencias, dialectos, región o las propias diferencias entre todas las religiones, tiene como factor común, un Dios de inicio y fin «*su creador*», eso era lo que más me interesaba que supieran y así doblegarlos a la obediencia y al amor, no saben el origen pero reconocen que fueron creados, la otra parte humana que no se ha dejado penetrar por mis doctrinas, los llamados ateos, se van por el camino de lo material, material que por supuesto también he creado y que han ido descubriendo con el desarrollo que les he permitido en las diferentes ciencias y en esta última etapa en la cibernética.

No existe una sola galaxia como creen, hay muchas y habitadas por los seres más diversos y no fueron creados por mí, como ustedes. Nuestro mundo nada tiene que ver con ellos. Ahora estamos en un momento crítico, están tratando de sabotear mi proyecto terrestre, hace alrededor de sesenta años que los descubrieron y han empezado a intervenir, haciendo estudios y apariciones para instaurar el pánico mundial, algo que justifica a la vez la carrera armamentista y ese error no lo asumo, aunque confieso que se me ha ido de las manos por dilatar el Apocalipsis.

Para que puedas comprender, volvamos a la Biblia, esa fue escrita de la misma manera que tú vas a escribir, con la diferencia que ustedes creen que el Apocalipsis es el capítulo final y no es así, el último lo vas a escribir tú antes del fin, revelando la verdad, que es tan compleja y a la vez tan sencilla. Tú no serás un profeta, tampoco tendrás un nombre en esta historia, sólo serás mi última mensajera, te tildarán de loca por las cosas que vas a escribir, sin imaginar que es la santa verdad.

Las escrituras las mandé a escribir con la idea de buscar un patrón, una guía de comportamiento, luego falló la interpretación y se estableció una diferencia entre el bien y el mal, incluso se han ido sumando palabras que nunca dije. Cuando vine como Jesús pude hacer mucho, pero no lo suficiente para corregir algunos de mis errores, tuve que marcharme y esperar si lograban hacer algo novedoso, era parte de mi investigación dejarlos al libre albedrío y se ha creado este caos. Han surgido muchas religiones que creen tener la verdad absoluta, la malinterpretan y hacen guerras santas injustificadas, realmente la verdad absoluta no la tiene ninguna. La verdad es ésta, me bastó sólo siete días para poner en función mi experimento, el mismo que pienso acabar en un pestañear, si finalmente no entro en un acuerdo con las otras galaxias que los quieren penetrar y que de hecho ya lo están haciendo con mucha insistencia, pues los ven como un peligro por el desarrollo vertiginoso de este último siglo. Por otra parte, las religiones van en decadencia, la ciencia empieza a entender muchos de nuestros milagros, algo con lo que no contábamos y los creyentes cada vez son menos, sobre todo los que se llaman católicos, que han corrompido mis doctrinas desde el inicio. Fomentan la violencia, el terrorismo, los escándalos sexuales y el poderío económico es aberrante. En estos últimos tiempos el amor al dinero y a los placeres reemplaza el amor al prójimo y al creador, lo dije en Timoteo 3:1-5 y queda evidenciado.

Sé que es mucha información para ser procesada en tan poco tiempo, llevas rato inmóvil, te dejaré reflexionar. Hasta este momento podrás preguntar si así lo deseas, no intentes huir, esto es sólo el principio de lo que debes saber, te pondré mi mano en la frente y volverás a la normalidad, creo que ya has entendido que podemos dialogar sin tener que forzarte para que en un futuro des testimonios de mi verdad, esa que tanto has buscado.

Comencé por mover mis pestañas entumecidas, mis párpados se desbloqueaban y moví instintivamente los dedos para comprobar que ya podía salir de aquel estado en el que me encontraba. Le busqué el pecho y lo palpé para evidenciar que aquello no era un sueño o tal vez una pesadilla, pero ahí estaba frente a mí, con su mirada penetrante.

—¿Te sientes mejor?, trata de respirar suavemente, ese aliento es el de vida, escucha tu corazón y concéntrate en mí.

—¿Eres real, o fruto de mi imaginación?

—Soy real, estoy dentro de ti, aunque ilusoriamente me veas al frente, soy tu revelación.

—¿Eres bueno o malo? A veces haces milagros asombrosos y otras veces dejas que ocurran las cosas más catastróficas, juegas al azar con la vida y la muerte para castigarnos.

—Recuerda que los creé a mi semejanza, también cometo errores como ustedes, tengo ira, castigo la desobediencia, tengo pasiones y también tengo mucho amor, mi única perfección es que mi cerebro funciona al 100% y puedo hacer lo que desee sin limitaciones de ningún tipo, sin importar el tiempo y el espacio, de hecho mi modo de existencia se multiplica en cada uno de ustedes, no soy esto que ves, estoy en cada molécula de cada ser vivo de esta tierra, soy en esencia ***energía,*** la que deambula entre cada partícula de todo lo material, los diseñé a semejanza con mi mundo que está en el sexto cielo, soy sólo el creador y me pertenecen como al carpintero su silla. Más adelante te profundizaré en este aspecto.

—¿Te sientes nuestro dueño?

—No me gusta la frase, prefiero que digas que soy el padre, un padre que puede ser muy benévolo o cruel si llegara el caso.

—La Biblia está plagada de guerras, de poderíos de reyes, de buenas doctrinas y enseñanzas, pero también de venganzas y mucha sangre hasta el Apocalipsis —le inquirí.

—Te dije desde al inicio que cometí errores y los estoy pagando, me responsabilizo con muchos de ellos, aunque ustedes siempre dicen «será lo que Dios quiera» y me dejan toda la responsabilidad a mí y tengo que cargar con su pecados. La última vez que estuve me tocó la cruz y acepté mi castigo, claro, era un castigo efímero para dejar evidencia. Yo no estoy diseñado para morir y sabía de antemano que no moriría, aunque sí sufrí mucho dolor en ese terrible momento. Ése fue el único modo que encontré para corregirlos y hacerles conciencia de su maldad, qué diferente hubiese sido si mi experimento no hubiese fallado y mi diseño fuera perfecto, como lo concebí en los inicios, a esta fecha ya los hubiera dotado del 100% de su cerebro, en esencia no es lo fundamental, claro que sería maravilloso que todos pudieran tener los dones que tienen por separado, por ejemplo, para las ciencias y las artes. Confieso que ahí mi experimento no fue errado, han surgido eminencias, a algunas he ayudado y a otras tantas las he dejado libres para ver hasta dónde llega su capacidad de desarrollo y creación, ya te dije, todo ha sido un experimento.

Volvamos al tema de las guerras, algunas las he liderado para salvar a pueblos que sufren, ya sea con la victoria o con su exterminio, cualquiera de las dos variantes es radical y lo sé, pero son ustedes quienes me hacen tomar partido, fíjate que todas ellas tienen una raíz común y no es más que el poder económico, territorial y hasta religioso, porque a su vez se disputan el terreno que no deberían poseer, se olvidan que el terreno es quien debe poseerlos a ustedes. De la tierra debían tomar lo necesario para su existencia, ¿por qué entonces quieren más?, no se dan cuenta que al querer de más están privando a otros de lo que precisan. Por un lado el poderío económico y por el otro la sociedad de consumo, que han ido desarrollando el afán de tener, adquieren cosas materiales y se privan de las espirituales, de ahí muchos de los problemas sociales ¿y te has puesto a pensar en cuántos niños andan en suela de sus propios cayos, carentes de sus necesidades primarias, salud, educación y bienestar?, y no es mi culpa, siempre preguntan dónde estoy que no veo, claro que veo, pero no puedo intervenir, tengo que seguir mi experimento hasta ver de lo que son capaces para poder elegir y evaluar mi error. No quiero hacer interminable la lista, sólo quiero que entiendas que si llegaran a pensar en algo tan sencillo, atrás quedarían las disputas por el poder, al final, cuando se van, nada los dejo llevar.

Susana estaba cansada, además tendría que parar la escritura, las hojas de su libreta ya estaban agotadas, trataría de continuar en otro momento, cuando pudiera conseguir más hojas, al menos ya había dado el primer paso para contar todo lo que debía ser contado por su Dios.

A la mañana siguiente despertó agotada, un terrible dolor de cabeza le estrellaba los sesos, aunque no le quedaba de otra que levantarse, cuando pensó en la terapia de la Dra. Rosa, le vino el alma al cuerpo, se incorporó lo más pronto posible y se fue a dar una ducha refrescante, había hecho de esas terapias su refugio, ahí pasaba su tiempo muy rápidamente y se sentía a gusto con sus compañeros, era el único momento del día en que sus miedos desaparecían por completo, aunque ya empezaba a sentirse presionada por la promesa que le hiciera al psiquiatra de entregarle por escrito su encuentro con Dios. Le quedaba la incertidumbre de si podría salir de aquel lugar luego de su confesión, ¿quién iba a creerle? entraría en conflicto con todos, ya fueran cristianos, católicos, musulmanes o ateos, estaba con todos y con nadie, su encuentro con Dios la haría parecer un personaje anacrónico a la sociedad, un ser único e irracional, se sentía muy mal con ella misma, sabía además la advertencia de que sería lo último que escribiría. Entonces una nueva idea se alojó en su cerebro ya contaminado, demoraría su escrito lo más que pudiera, se lo iría entregando por partes, así que ya tenía un plan y terminado el primer fragmento, en la próxima consulta se la entregaría al doctor.

A la hora de la terapia todos iban entrando y saludándose afectivamente, pero esta vez la doctora se extrañó de ver a Susana como ensimismada, no parecía importarle nada, su rostro con el entrecejo comprimido, denotaba contrariedad y cansancio, como quien no duerme toda la noche y en efecto, éste era el resultado de estar hasta la media noche escribiendo.

—Buenos días a todos, me da mucho placer ver que están tan animados. Hoy será un día para la reflexión, traigo un tema a debatir que estoy segura de que les motivará lo suficiente como para estar más tiempo del establecido en la terapia, así que les adelanto que al menos deben ser breves y concisos con su participación.

Según iba hablando iba repartiendo a cada uno una hoja y un lápiz. Susana miraba las hojas en blanco como si deseara arrebatarlas para su propósito y esto le indujo una sonrisa, al menos ya sabía a quién podía pedirle hojas.

El tema de hoy es la confianza. Van a escribir lo que significa para ustedes esa palabra, pueden decir cuanto quieran, será anónimo, cuando terminen doblarán las hojas y la echarán en este cesto y luego iremos sacándolas y leyéndolas en voz alta y de esta manera, cada vez que leamos una, otros pueden expresar si coinciden o no. Creo que he sido clara, es muy fácil, así que adelante.

Todos comenzaron a escribir, mientras lo hacían, la doctora se dedicó a observar los rostros, unos escribían hábilmente saciando una necesidad, otros más, indecisos, miraban al techo o mordisqueaban la goma del lápiz. La actividad debía durar apenas unos minutos, quien en ese tiempo no tuviera su concepto, perdería su oportunidad de expresión, a la orden de doblar la hoja debían de entregar lo escrito.

—A ver, tráiganla para acá y échenla en el cesto.

Las removió un poco y pidió un voluntario que viniera a leer.

Enseguida Susana se animó.

«La confianza es la firme esperanza que tiene una persona de que suceda algo o que una persona actúe como ella espera».

—Muy bien Susana, gracias por leer. Me están haciendo trampas, esa frase la he escuchado con anterioridad, no me saquen nada de internet ¿Quieres aportar algo?

—Si aporto algo sería decir lo mismo que escribí, así que no, sólo que estoy en acuerdo con lo expresado.

—A ver, otro voluntario, ¿te animas Carlos?, anda ven adelante, saca una hoja y lee por favor.

«Confianza es la que tiene la doctora en que todos nos vamos a recuperar».

Esta declaración provocó una risa simultánea y la doctora rectificó.

—De eso estoy segura, he depositado toda mi confianza en que todos se recuperarán y saldrán de aquí con una nueva experiencia para enfrentar la vida y con buenos amigos. ¿Quién sigue? Ven Elena por favor.

«Confianza en uno mismo es poder confiar en los demás».

—Muy bien, me gustaría saber quién lo escribió, luego, si lo desea, me puede decir en privado.

Siguieron leyendo y al final se originó el debate tan esperado por la psicóloga, los que aún estaban medio deprimidos, como el caso de Elena, su versión de lo que para ella era traicionar la confianza de su difunto novio, decía que no era capaz de volver a enamorase pues lo consideraba una traición.

Carlos dijo que él dudó de sus capacidades y perdió la confianza en sí mismo cuando más la necesitó y Susana, categóricamente, sentenció que ella había perdido la confianza total en su cerebro, esto provocó risas y quizás fuera ella quien más se riera de su ocurrencia.

Estuvieron intercambiando ideas, fue muy fácil para la psicóloga saber qué había escrito cada uno, pues se repetían en lo que ahora debatían, pero reflexionaron que lo último que se pierde, no es sólo la esperanza sino la confianza en el ser humano.

La hora de la terapia, como siempre, pasó inadvertida, se despidieron y cada uno fue saliendo para su lugar, los hospitalizados casi siempre quedaban juntos en el pasillo con algo que comentar para luego retirase a sus cuartos.

Susana se dirigió a la oficina para preguntar por el psiquiatra, no tenía consulta con él hasta el jueves próximo, estaba impaciente por hacerle llegar la primera parte de su escrito. Las casualidades precipitaron el hecho, cuando iba en esa dirección vio venir al doctor, lo saludó y le entregó las hojas arrancadas de su libreta bien enumeradas, no dijo ni una palabra y continuó por el largo pasillo como quien firma su sentencia, el médico quedó un tanto atónito aceptando su discreción con un simple gracias y fue directo a leer lo que le había entregado Susana.

Velázquez se sentó sobre la esquina del escritorio y comenzó a leer ávidamente, a cada momento hacia un giro muy suave con su cabeza en señal de negación, no podía creer ni una sola palabra de aquel testimonio. Cuando terminó, se fue a sentar comodante en su sillón, ahora iba a estudiar cada palabra, buscando posibles repuestas y alguna lógica dentro de aquel absurdo. Luego de estudiar todo aquel texto pudo llegar a varias conclusiones, la primera, el estado de confusión total de Susana demostraba clínicamente un episodio esquizofrénico y bien severo, porque sus pensamientos distorsionados de la realidad, la hacían llegar al delirio, con un marcado énfasis en cambios emocionales. Al psiquiatra no le quedaba duda sobre el diagnóstico; lo curioso de todo aquello, es que en algunas reflexiones parecía tener razón, o quizás estaba tratando de llamar la atención para que fuera cómplice de sus conclusiones incoherentes y disparatadas. No se trataba de crear fantásticamente un cuento más, sino una verdad que ya daba por hecho, el caso era bien complicado. El análisis sumergió a Velázquez en la incertidumbre, adelantaría la cita con Susana, pues pensaba que el tiempo se convertía en un factor importante para su sanación, necesitaba que le diera todos los datos de lo que para ella era su verdad.

Eran aproximadamente las ocho de la noche, el turno de enfermeras había cambiado, ésta que pasaba ahora haciendo las visitas y dando los medicamentos, era desconocida por Susana, en su opinión entraba de unas largas vacaciones o empezaba como nueva.

La enfermera tocó levemente la puerta antes de entrar y esperar la aprobación.

—Buenas noches Susana, me dijo la enfermera Dulce que el Dr. Velázquez la había llamado sobre las seis de la tarde para avisar que el turno que usted tenía para el jueves, se adelantó para mañana a las nueve.

—No puede ser, a esa hora estoy en la terapia, debe haber un error.

—No hay error, él tiene interés en verla mañana y le dirá a la psicóloga por qué usted no pudo asistir.

Con un giro casi militar, la enfermera abandonó la habitación. Susana se sintió confundida, le quedaba la duda si el doctor había leído y comprendía su situación y la estaba retirando de las terapias o en el peor de los casos que creyera que estaba totalmente loca. Ante su duda siguió a la enfermera y casi le imploró que le concediera un grupo de hojas, que era de suma importancia, la enfermera, sin preguntar, le ofreció un grupo considerable, ella, como frenética, salió de la enfermería dándole las gracias a la nueva enfermera, con el firme propósito de exponer todo lo que sabía. En el fondo tenía el temor de que el médico le suministrara sedantes que le impidieran poder escribir en las noches. Quería adelantar lo más que pudiera.

Parte dos de mi encuentro con Dios.

Así escribió en el borde de la primera hoja que ya llevaba la distinción de *continuación*.

Ahora te voy a explicar algo relacionado con la sexología y la reproducción. Ya has escuchado hablar de la clonación. Estudios recientes dieron con la procreación a nivel celular, se dio a conocer al mundo como *«eficiente»* los resultados con la clonación de la oveja Dolly, es una copia genética idéntica al patrón original, no es más que la reproducción de células. Esto ha traído grandes controversias éticas que han llevado a varios países a establecer leyes y reglamentos que prohíben, de manera legal, la clonación y hasta han querido establecer dos tipos de clonación, la terapéutica y la reproductiva. La primera aceptada y la segunda condenada, sobre todo por las religiones. Tienen otra investigación que es la más reciente, la utilización de células madre, algo que a largo plazo acabaría con las enfermedades y en esa parte entro yo como único creador. El hombre ha llegado lejos con sus investigaciones científicas y estorba mi experimento.

Cuando creé la primera mujer, usé el método de la clonación, tomé una célula de la costilla de Adán, no sé cómo tardaron tanto en descubrirlo, sólo que implanté en el código genético una pequeña diferencia de uno a otro y fue el sexo, para que pudieran tener la capacidad de reproducirse por sí solos, como hice con los animales, que también son copias de los nuestros, además, eso me ahorraba trabajo y fue la esencia de mi gran experimento, nosotros nos reproducimos por la propia clonación, es un método muy rápido y efectivo sin margen de error. Desde los inicios fue concebido a la velocidad de la luz y no tenemos diferencia de sexo ni de razas, aunque físicamente nos acercamos más al parecido con el hombre, recuerda que hice primero a Adán. Somos una especie totalitaria que hace muchos siglos terrestres dejó de repetirse, recuerda que no morimos y esa ventaja se convierte en limitante, por eso, la idea de poblar el planeta Tierra fue algo original de mi invención. Soy un Dios único y no hay diosa. Mi experimento consistía en crear una especie que tuviera más posibilidades de las combinaciones genéticas, así creé los géneros y luego ustedes crearon los propios tabúes, mi interés consistía en ver la capacidad de elegir combinaciones entre macho y hembra, como los animales, es decir uniones de dos sexos diferentes. Con el pasar del tiempo, en la historia también mi experimento se vio afectado por las leyes y reglas que ustedes fueron creando y resulta interminable la lista de contradicciones que esto trajo aparejado. Desde un principio, el marginamiento de la mujer, por considerarse el sexo débil, y físicamente pudiera decirse que es así, por el contrario, es más inexpugnable a los cambios, de ahí su labor de paridora, como en los animales, la hembra es más fuerte. Los cuerpos se fueron desarrollando según el ejercicio a que estuvieran sometidos, ¿ves lo que sucede en el cuerpo de una mujer cuando decide ser fisiculturista?, desarrolla una musculatura corporal como la de cualquier hombre.

En unos inicios, mi intención con la diferencia de sexo era lograr con éxito la reproducción, poco importaba la selección que hicieran de convivencia en manadas y familias después y que se agruparan según sus propias individualidades, ahí fue que aparecieron las reglas y por consiguiente, las leyes, éstas han ido variando hasta la fecha, en que se ha aceptado la selección de la preferencia sexual, bueno siempre existió, aunque no era permitido como ahora, antiguamente podía costar hasta la muerte. De manera curiosa la religiones eran las más reacias, como fue el caso de la brutal inquisición, la que más ha desvirtuado mis doctrinas y en sus centros era donde más se escondían estas relaciones ilícitas por ley, en eso también me equivoqué. Al final no pude lograr géneros puros y están muy mezclados, de ahí que en unos predominé un sexo u otro independientemente de la apariencia física, el error no está en el cuerpo, sino en el sistema hormonal. Creo que el amor es el que une los unos a los otros, al final eso es parte de mi experimento también; con ustedes nació el amor y se perfeccionó, yo dije «*ama a tu prójimo como a ti mismo*» y ustedes rebasaron esos límites, por amor son capaces de darlo todo a cambio de nada, hasta la propia vida. Queda evidenciado en el amor a los hijos y a todo cuanto aman, incluso el placer que les causa amar y ser amado, pero algo que salió bien en mi experimento es cuando unen amor, sexo y descendencia, son emocionalmente muy felices.

—¿Fue por esa condición física que, como Jesús, nunca te casaste?

—Mi amor era para darlo a todos por igual y no a alguien en particular, vine con el sexo masculino definido, porque de lo contrario nunca hubiese pasado como humano, aunque no tenía el objetivo de reproducirme, ni había mujer de nuestra especie como para tales fines. Esto permitió el énfasis a los votos de castidad como santo especial o Mesías, como me llamaron.

Susana empezó a cabecear, hasta que el sueño la venció, bajó la cabeza, en esa posición incómoda quedó totalmente dormida.

A la mañana siguiente se levantó con muy buen carácter, se alistó, desayunó y se encaminó a la consulta.

—Buenos días doctor… ¿Puedo pasar?

—Sí, adelante, la esperaba, tome asiento.

—¿Pudo leer lo que le di?

Diciendo esto se inclinó hacia delante para ofrecerle las hojas que traía, el médico se aferró sediento de continuar la historia, que a pesar de ser una locura lo había atrapado como psiquiatra y como lector.

—Gracias, sí ya lo leí, me imagino que esto es una continuación.

Susana, me gustaría que me respondiera algunas preguntas para satisfacer mi curiosidad, por ejemplo ¿cuándo fue el encuentro con tu Dios?, ¿qué pasó a partir de ahí?

—¿Entonces me cree o me está tratando como a una demente?, no le veo en su cara ninguna inquietud real, ya sé que no creyó ni una palabra, Dios me lo advirtió, así que no me sorprende, ¿igual debo dejar mi testimonio del encuentro?

Doctor, cuando caí en mi estado depresivo fue por la misma razón que enfrento ahora con usted, de antemano sabía que nadie me iba a creer y mi temor era precisamente que me diagnosticaran como una desequilibrada, además de que no sabía qué hacer con tanta información. Vayamos por partes, ya puedo imaginar que al leer lo que escribí, descartará cualquier posibilidad de mejora para mí, debe haberme diagnosticado con delirios y alucinaciones, está en todo su derecho, sé además que lo que le trasmití es casi imposible de creer, así que no lo culpo, créame que lo entiendo, pero ahora dígame usted, ¿qué piensa de todo esto?

El médico bajó la cabeza como si intentara encontrar la respuesta en el escritorio abarrotado de papeles, finalmente, después de una onda respiración, comenzó a hablar.

—Mira Susana, te confieso que eres un caso muy particular, he tenido pacientes con delirios hasta de grandeza, no voy a enfocarme en tu diagnóstico como lo he hecho siempre con todos, no es que me convenzan tus historias, aunque en algunas partes encontré lógica y hasta me identifiqué con tu modo de pensar.

En las conversaciones que hemos tenido anteriormente, antes de leer lo que me entregaste, había notado en ti una recuperación, tu estado agresivo desapareció, tus ganas de morir también y has sido capaz de socializar en las terapias cognitivas con una muestra de alto coeficiente intelectual, por esa razón suspendí algunos fármacos y te dejé sólo los antidepresivos para evaluar tu progreso.

Quiero que me ayudes a entenderte mejor, vamos a imaginar que tu relato lo creo al 100%, te pregunto ¿cuándo fue ese encuentro?

—El 23 de diciembre, ya hace dos meses y medio, mi primera impresión, fue que había sido un sueño, a veces las imágenes oníricas quedan tan estampadas en el subconsciente que nos confunden y en pocos minutos uno conecta con la realidad, mas no fue así, yo jamás me dormí, ni tan siquiera tenía sueño, por eso salí al portal. Recuerdo cada palabra como si se hubieran grabado en mi cerebro, al extremo que ahora las estoy transcribiendo con detalles en lo que le entregué y en todo lo que me falta por contarle.

Yo pudiera aceptar que fue un sueño y de hecho sería un nuevo cuento que posteriormente se puede convertir en literatura fantástica, créame que me gustaría que fuera así. Usted me daría el alta por estar completamente restablecida de mi depresión y yo me iría a la calle a enfrentar la vida como siempre y asunto concluido, yo sano y usted victorioso de curar una crisis depresiva ligada con delirios, tocando la demencia.

Mire doctor, con el mayor respeto que usted se merece, no llegue a la conclusión de que estoy desequilibrada, aunque los hechos lo demuestren, de igual manera yo tengo que escribir todo cuanto me dijo Dios, y usted, sin proponérselo, se ha convertido en mi único escucha, ya poco me importa que crea o no lo que le trasmito, ya sabía que sería así. Es posible que se sienta un tanto confundido con mi diagnóstico, sé que consultará mi caso con algún equipo médico, quizás hasta sea sometida a encefalogramas y diferentes pruebas mentales para comprobar mi estado, de los cuales estoy segura de que pasaré, porque realmente estoy en mi juicio y con peor suerte, hasta me aplicarán electrochoques para borrar mis ideas fijas, a eso sí le temo, porque me pueden enloquecer de verdad. Antes de que todo eso ocurra, yo terminaré mis escritos y los dejaré a buen resguardo, será usted el único responsable, ya le dije que me queda poco tiempo, por eso me daba igual suicidarme. Hubiese sido un error adverso, no habría podido contar la verdad absoluta.

El doctor se rascó la cabeza, se impulsó con su silla móvil y de un tirón se puso de pie.

—Mire Susana, imaginemos que no he leído nada, siga con sus terapias y ya hablaremos en la próxima consulta, le prometo leer esta segunda parte que me ha entregado.

—Gracias doctor, espero no haberlo molestado con mi alta dosis de autosuficiencia, es que sabía todo cuanto iba pasar. ¿Puedo retirarme?

El médico, sin deseos de hablar, asistió con la cabeza. Un pensamiento le robó la paz: «*esta loca me va a volver loco a mí», luego* dejó ver sus blancos dientes en el esbozo de una perfecta sonrisa.

Salió de la consulta un tanto triunfadora, sabía que había logrado al menos confundir al doctor, eso era algo bueno, pues ya empezaban las dudas que lo harían reflexionar y buscar información, ya que se le hacía muy difícil entablar algunas conexiones directas de lo contado por Susana con relatos bíblicos, él era ateo y en el trayecto de su carrera había tenido que leer muchos gruesos libros como para dedicarse a leer la Biblia, nunca fue de su interés, ni tan siquiera literario.

Ahora se veía en la necesidad de escudriñar la Biblia para leer las referencias que hacía ella en algunas partes de su relato, este caso le estaba revoloteando más de lo que quisiera en su cabeza. Llegó a su casa luego de una larga faena, cuando lo que deseaba era precisamente descasar, buscó una Biblia que había sido de su mamá, revisó algunos versículos a los cuales ella hacía referencia en su escrito y luego continúo leyendo sin la menor idea de dónde leer, abría de par en par al azar. Así fue como encontró el Proverbios 3.4:

13 bienaventurado el hombre que halla la sabiduría y que obtiene la inteligencia.

14 porque su ganancia es mejor que la ganancia de la plata, y sus frutos más que el oro puro.

Apartó los ojos, se apertrechó la Biblia a su pecho, quedó pensativo con los ojos cerrados… ¿de qué inteligencia se hablaba?

Se recriminó porque nunca había tenido interés en leerla, ¿dónde estaba al menos su cultura? Lo único que sabía de ella era lo que había escuchado hablar a los religiosos, jamás la estudió como literatura. En ese momento se sintió el ser más analfabeto de la Tierra, a pesar de su doctorado en psiquiatría.

Continúo leyendo, abría páginas sin orden lógico, según le interesaba algo, ahí quedaban clavadas sus pupilas, leyó crónicas, le resultó muy interesante la sucesión de reyes, unos súbditos del Dios Jehová y otros revelados contra él. Terminando con el decreto de Ciro, el rey persa que acató las órdenes y fue bendecido llevando la palabra y construyendo una casa para adorar a Dios en Judá.

Dejó la lectura, aun le faltaba la segunda parte del escrito que le diera Susana en la mañana.

Leyó concienzudamente, le pareció graciosa la analogía que hizo con la clonación y con el hecho de que Eva saliera de la costilla de Adán, curioso, no había pensado nunca en eso, también le resultó interesante su investigación y si algo era cierto, es que se documentó bien sobre el tema científico. Hubo un aspecto que le llamó la atención, su Dios y los semejantes de su planeta no tenían sexo definido, era un término difícil de concebir.

Ya los ojos comenzaban a parpadear en busca del merecido descanso. Esa noche soñó con guerras sangrientas y amaneció muy cansado. Estuvo leyendo hasta bien entrada la madrugada, su cabeza era un torbellino, tenía ideas e imágenes de todo tipo, se dio una ducha y sobre las ocho ya salía para la clínica. Estaba impaciente por seguir dialogando con Susana.

***

Al otro día Susana se incorporó muy motivada a la terapia grupal, se sentía triunfadora, estaba logrando que el médico le prestara atención a sus escritos. Al llegar al salón saludó a sus compañeros muy entusiasmada.

—Buenos días a todos —saludó la doctora para empezar—, por sus caras ya sé que están mucho mejor. Hoy vamos a trabajar directamente en el tema que a todos los hicieron llegar a este lugar, ***la depresión***.

Quizás no tenían cognición de lo que les estaba sucediendo, pero estaban en una gran crisis depresiva, hoy vamos a tratar el tema para que conozcan cómo se desarrolla la enfermedad y cómo podemos combatirla.

La depresión es un trastorno del estado de ánimo que puede afectar tanto la vida social como laboral de una persona. Este trastorno no se produce de un día para el otro, sino todo lo contrario, es progresivo.

Verán aquí, en esta pancarta que les he traído, los cinco pasos fundamentales para tener en cuenta.

Mostró el cartel que les traía.

Cinco pasos para combatir la depresión

1) El primer paso es la aceptación. La depresión es un problema de salud que debe ser tratado. En ocasiones se tiende a minimizarla o simplemente pensar que es una tristeza pasajera. Es importante buscar ayuda, ya que solo es muy difícil de superar esta situación.

2) El segundo paso es ponerse en marcha y buscar tratamiento tanto psiquiátrico como psicológico. Si te sientes deprimido es necesario que acudas al médico, y si conoces a alguien que la pa-

dezca, acompáñala a la consulta médica. Existen muchas terapias que pueden ser de gran utilidad, como por ejemplo la terapia cognitiva conductual.

3) En tercer lugar es importante que quien sufra de depresión realice, de a poco, actividades que sean placenteras. Al comienzo será muy difícil, ya que no tiene interés, pero con apoyo y compañía será más sencillo.

4) El cuarto paso es realizar actividad física, la que le guste. Está comprobado que el ejercicio físico libera endorfinas y éstas mejoran el estado de ánimo.

5) Por último y quizás el más importante, es el acompañamiento familiar y de las amistades. En ocasiones la depresión es un trastorno incomprendido, ya que quizás no hay causas aparentes que lo justifiquen. Para que la familia pueda aceptar esta enfermedad, no sólo debe interiorizarse, sino participar activamente en el tratamiento.

(Tesis de González Nieves para su proyecto de tesis, presentado recientemente en la Escuela de Comunicación de la UPR.)

—A ver Luis, por favor lee el primer punto.

Luis se sorprendió por la tajante invitación de la doctora, se puso de pie y leyó.

—¿Cuál es tu opinión y qué piensas al respecto? —preguntó ella a Luis.

—Que es una realidad doctora, si no tenemos conciencia de lo mal que estamos y nos encerramos sin pedir ayuda, puede ser fatal y lo sé porque así me sucedió a mí, hasta que me trajeron, ahora sé que estuve bastante mal.

—Muy bien, creo que entendiste la necesidad de estar aquí.

—¿Quién continúa leyendo?

Esta vez, sorprendentemente Clara levantó la mano para leer.

—Muy bien Clara, lea por favor y dígame lo que piensa del segundo aspecto.

Ella leyó con voz entrecortada, con un poco de dificultad visual, luego explicó:

—La verdad es que me doy cuenta del porqué mi familia me trajo, he comprendido que negar la realidad no va a resolver mi problema, debo aceptar que el tiempo no tiene retroceso.

—Muy buena deducción, gracias Clara por participar, la felicito, es un gran avance para usted.

Diciendo esto, el grupo comenzó a aplaudir como muestra de apoyo a sus palabras.

—Susana, ¿podrías leer el tercer punto?

—Por supuesto, leo y me veo identificada.

—Te adelantas, pienso que los cinco puntos son vitales para todos.

Terminó de leer y explicó que precisamente, en plena depresión, se le ocurrió la idea de una novela que ya había empezado. Dijo eso justificando de antemano todos los escritos que le había dado al psiquiatra, estaba por hacerle creer a su doctor que todo era producto de su fantasía para que le diera el alta lo más pronto posible, en el fondo tenía mucho miedo que el médico le diera electrochoques o retomara los sedantes, que no la dejarían continuar su historia, era mejor que la prescribieran de escritora y no de loca. Ya tenía su plan bien concebido, aun sabiendo que era apresurar su final en esta tierra.

La terapia terminó con un proyecto de actividades donde cada uno de los pacientes debía entregar en una hoja la reflexión de lo que habían aprendido en el día.

Esa noche, Susana esperó a que apagaran las luces, el horario de dormir era muy estricto. Encerrándose en el baño se apresuró a continuar la tercera parte de lo que iba a entregarle al doctor.

Tercera parte

Me contó que tuvo varios propósitos desde el inicio, el principal era ofrecer a los humanos una guía de vida, la famosa Biblia, no se trataba de métodos ni doctrinas, sino que encontraran en ella todo el conocimiento humano que en un futuro les serviría para encontrar la verdad y las soluciones al progreso, que no era necesario que se desgastaran en las invenciones, pues en el sagrado libro estaba todo. Aunque olvidó que no todos iban a entender y esos que no eran capaces de descifrar lo que entre líneas dijo, han ido desvirtuando sus verdaderas intenciones.

Me preguntó qué entendía por pasado, el presente y futuro. Le respondí de manera conceptual el obvio significado de cada palabra, me referí al tiempo y me enfrasqué en que sólo existe el presente. Su respuesta me dejó atónita.

Me dijo que era un error, que no existen esos términos que creamos, sólo para medir el tiempo que sabemos que es relativo, que no existía el pasado, ni futuro y menos el presente. Me explicó que la fracción más pequeña del tiempo, el **microsegundo**, que equivale a la millonésima parte de un segundo. Un microsegundo = 0.000001 s o 10^{-6} s, que en esa fracción tan insignificante de tiempo nada podíamos hacer, por ende, el presente del tiempo real era efímero.

El pasado que ya no existe quedó en testimonios escritos. Dijo que la Biblia es el ejemplo simbólico de la historia de la humanidad y cada individuo, por sí solo, guarda un pasado, que donde el único lugar en que puede estar es en sus memorias personales o colectivas y no es tangible, ya no existe, es la identidad de cada ser humano. Un individuo sin la capacidad mental de memorizar, no existe en el plano espiritual.

El futuro incierto también, me aclaró que solamente él lo podía predecir, los humanos, aunque lo intentáramos, no teníamos la total seguridad de predecir. Me reiteró que él era el principio y el fin y el tiempo, como le llamábamos nosotros, lo diseño muy bien calculado, nada que ver con el que hemos creado, de alguna manera teníamos que ubicarnos en tiempo y espacio.

Continúo explicándome y me dijo así:

«***Todo es energía,*** ustedes la conceptualizaron buscando una respuesta*, **como la capacidad de los cuerpos para realizar un trabajo y producir cambios en ellos mismos o en otros cuerpos*** y luego la han clasificado en diferentes tipos, mas yo soy la energía de toda materia, tanto de la que tiene vida como de la inanimada, que a su vez no es inanimada, porque lleva su movimiento implícito y su energía propia. Mi diseño fue perfecto, ¿quién ha visto la energía? Nadie, quizás puedan ver efectos y causas, la energía es invisible a los ojos humanos, donde habita esa energía es en el átomo, que ustedes ya descubrieron.

Estos están formados por un núcleo y capas de electrones, este núcleo está compuesto por protones y neutrones. Ya descubrieron que los protones y neutrones están integrados por unas partículas extremadamente diminutas llamadas quark y que hay varios tipos de éstas y existen otras **partículas subatómicas**.

Las más diminutas que han terminado por descubrir son los **neutrinos**. Extremadamente diminutos, el Sol atraviesa cada día sus cuerpos como si no existieran, pasando sin problema por los grandes espacios que existen entre las partículas que constituyen sus átomos. Ahí habita la energía, ahí habito yo, los creé como un todo, no son nada sin mí».

Terminado el escrito cayó en un letargo de sueño y por segunda vez se apareció Dios y le dijo así:

«He cambiado tu destino, por ver la importancia que le has dado a todo lo dicho y por tu valentía de defender la verdad absoluta, no morirás, serás una de mis elegidas, verás la última etapa de la Tierra y cuanto te he dicho.

Tu responsabilidad es difundirla, me gusta la vía que has usado, la propia literatura te hará libre y sumarás almas a nuestra causa, ya no te acusarán de demente, sino de una escritora con altas fantasías, aun así, sembrarás dudas en los corazones que irán en busca de la verdad. Tú me buscaste, pero yo te encontré primero».

A la mañana siguiente despertó muy entusiasmada, la idea de haber sido perdonada y elegida, a la vez le permitiría terminar el libro empezado y darle un nuevo giro a su estadía en la Tierra, aunque seguiría dándole al médico los escritos, haría finalmente su novela.

Se encaminó al consultorio del médico antes de irse a la terapia.

—Buenos días doctor, hoy le he traído la tercera parte, espero la guarde y la disfrute y lo haga reflexionar. Ya estoy de regreso a la realidad, ahora mi meta es terminar el libro que recién comencé.

—Buen día, me acabas de dar la mejor noticia que llevaba tiempo esperando de ti, ya saliste de tu delirio.

—Digamos que sí, ya sé a qué vine este mundo, quisiera que luego de leer esta parte me dé su opinión.

—Tenlo por seguro y apúrate que llegarás tarde a la terapia.

—Pues sí, tengo que apurarme, pase usted un buen día doctor.

Se encaminó por el pasillo que daba al salón de la terapia con los pies ligeros como plumas, no quería llegar tarde.

—Pase Susana, ya estamos por empezar.

—Gracias… me demoré un poco, estuve hablando con mi psiquiatra.

La psicóloga hizo un pase de lista, al pasar su mirada, comprobó que todos estaban presentes, no sobraba ninguna silla.

—Vamos a empezar la terapia. Les adelanto que el tema de hoy les va a gustar mucho y les resultará interesante, es sobre el amor, quiero empezar por leer algo, permítanme.

El amor no tiene definición exacta, es imposible, no hay palabras para conceptualizar lo que es el amor. Se dice que es un sentimiento que implica gratitud, necesidad, devoción, sacrificio, lealtad, deseos, impulsos, desvelos, bienestar, plenitud, pla-

cer, en fin, toda la gama de emociones que un ser humano pueda sentir relacionado con el amor. También lo clasifican de muchas maneras, el de pareja, el filial, el fraternal, el de la patria, platónicos, etc.

Quien haya sentido amor puede saber lo que se experimenta, sin amor no podemos vivir, es tan vital como el aire que respiramos, entonces... ¿Qué es el amor? La fuerza que mueve al mundo, es algo divino que anida en el corazón de cada ser humano. Su falta implica la desolación y el sufrimiento. Amémonos y el mundo brillará en todo su esplendor.

Todos comenzaron a aplaudir y entre sonrisas y suspiros se abrazaron unos a otros, su falta de amor propio los había llevado a ese hospital, ya eran capaces de avivar el sentimiento, habían aprendido a compartir sus dolores, sus alegrías y sobre todo a despertar el amor por la preciada vida.

Seguidamente, la doctora repartió una hoja en blanco con el objetivo de que cada uno plasmara con sus palabras su concepto de amor. Todos, muy animados, comenzaron a escribir, no hacían comentarios entre ellos, más bien cada uno estaba concentrado en la interpretación. Al cabo de media hora, la doctora dio la indicación de cerrar la hoja para depositarla en la cesta del incógnito escritor, ya ese juego lo habían practicado antes, sabían de antemano que les tocaría leer el concepto de un compañero.

—¿Quién se anima a sacar la primera hoja?

Curiosamente esta vez fue Carmen quien primero levantó la mano con mucha firmeza.

—Adelante, saca una hoja.

Carmen se apresuró a ser la primera porque le había hecho un doblez a la hoja particular para reconocer la suya, quería leer la propia porque nadie mejor que ella lo haría.

Comenzó a leer con sus ojos humedecidos por el recuerdo.

—El amor no termina cuando es puro, ni la muerte puede arrancarlo de un corazón enamorado, tendrá siempre su espacio vital.

—Todos aplaudieron, ella, emocionada, secó sus lágrimas y se sentó apresuradamente.

—¿Quién sigue?... a ver jovencito, venga usted a leer.

—El amor es eso, amor incondicional y no tengo descripción, porque lo es todo.

—Muy bien, están hechos unos poetas ¿quién continua? Tú Susana, adelante.

—El amor salvará a la humanidad, o su falta será el fin.

—Curioso este concepto, muy escueto y profundo a la vez, quiero saber quién lo escribió, me lo puede decir aparte si lo desea. Continuamos, a ver Omar, ven adelante.

—El amor más universal, es el amor de Dios.

—Muy bien.

De esa manera fueron leyendo cada hoja, por la manera de expresar los conceptos, a la psicóloga le resultaba muy fácil descubrir quién estaba detrás de cada uno, prefirió dejarlo en el anonimato para darles más libertad de expresión. Al concluir con las notas de la cesta, Susana pidió permiso para leer algunos textos bíblicos que hacían referencia al tema del amor, abrió su agenda y comenzó la lectura.

El amor es paciente, es bondadoso. El amor no es envidioso ni jactancioso ni orgulloso. No se comporta con rudeza, no es egoísta, no se enoja fácilmente, no guarda rencor. **1 Corintios 13:4-5**

Por la mañana hazme saber de tu gran amor, porque en ti he puesto mi confianza. Señálame el camino que debo seguir, porque a ti elevo mi alma. **Salmos 143:8**

Que nunca te abandonen el amor y la verdad, llévalos siempre alrededor de tu cuello y escríbelos en el libro de tu corazón. Contarás con el favor de Dios y tendrás buena fama entre la gente. **Proverbios 3:3-4**

—Muchas gracias, se ve que te fascina el tema del amor, poeta al fin.

—La verdad que sí, hoy me ha tocado las fibras de mi corazón con este tema. En la Biblia hay un promedio de unas 99 citas sobre el amor, búsquenlas y las encontrarán.

—Bueno, vamos a concluir, hoy ha sido un día muy significativo para cada uno de ustedes, han descubierto lo que es el amor de otra manera, de la forma más profunda, digo esto porque cuando se conceptualiza una idea, se define de manera abstracta lo más elemental y todos han sido capaces de expresarse, quizás alguno más romántico que otro, pero en cada concepto hay una vivencia muy particular. Les doy las gracias y los felicito a todos, creo que en síntesis están dejándose amar los unos los otros y lo más importante, se están amando a sí mismos. Ya pueden retirarse, pasen dejando la hoja en mi mesa, nos vemos mañana.

Las terapias estaban siendo muy efectivas, ya pocos estaban tomando medicamentos y ése era el objetivo de la psicóloga.

Esa noche, Susana tenía la emergencia de tener un nuevo encuentro con su Dios.

Esperó pacientemente la hora de dormir, cuando se apagaron las luces se encerró en el baño, era el único lugar para meditar que tenía en esos momentos. Ya muy concentrada, su cuerpo comenzó a flotar, se dejó elevar hasta lo alto de su conciencia divina y el encuentro esperado sucedió.

—Ya veo que no me has defraudado, vas muy en serio con las escrituras, abre tus ojos, quiero que veas mi rostro por última vez y seas testigo de la falsedad de las estampillas, los cuadros pintados y la cantidad de imágenes hechas por los hombres de mi figura y ahora en esta última etapa de las redes sociales, cualquiera que tenga barba se viste de túnica y manda un mensaje en mi nombre y ahí le siguen los fieles cristianos divulgando imágenes falsas de mí, me han idealizado desde el principio, pelo largo, barba, cuerpo atlético y delgado, con mi túnica, mis sandalias de cuero y mi corona de espina, qué tan lejos de la realidad y qué tan enraizado en la multitud de creyentes. No soy blanco rubio, no soy chino, tampoco negro, ni indio, cuando dije que los hice a mi semejanza, era por la estructura y eso no les da el derecho de hacer un prototipo.

Mi objetivo es que la verdad sea difundida y la creerán mis elegidos, siéntete en el honor de ser una de ellas por tu fidelidad tardía.

Te he elegido y no dudes de tu capacidad mental, no tienes varias personalidades que se alternan, como cree tu médico, sino muchas más, todos los humanos tienen diferentes personalidades según las circunstancias, unas internas y otras externas, no siempre se muestran transparentes y coherentes con sus pensamientos y palabras, incluso con las propias acciones.

Te he traído un regalo que guardarás como prueba, no es necesario que lo muestres, trata de que sea tu reliquia, la vas a necesitar.

Él sacó una bolsa de terciopelo roja y de ella extrajo tres clavos largos que parecían bañados en oro y se los ofreció. Mientras que le decía que era su ***regalo divino***, le entregaba lo que le dio muerte y vida. Ella alargó sus dos manos y tomó los clavos, los besó y se arrodilló frente a él.

—Levántate que tienes mucho camino por andar y mucho que escribir. Protege esos clavos, que ahí está tu vida. Ahora me voy a retirar, ya tienes todo lo que vas a escribir, sé precisa y directa, no uses palabrerías sofisticadas, recuerda que lo leerán personas de los más disímiles niveles culturales y quiero que puedan entender la mayor parte de esos lectores.

En un principio se sentirán confusos y ahí estriba la mejor parte, creerán aquellos que son mis verdaderos elegidos, el resto pasará como un lector y nada más.

Los elegidos no morirán, los llevaré conmigo a mi planeta, ahí los espera el paraíso tanto anhelado y se multiplicarán en mi colonia; de los muertos recuperaré sus almas que también serán elegidas. El fin de la Tierra se lo dejaré a los ***no elegidos*** y los seres de otras galaxias que invadirán la Tierra interesados por sus habitantes, no seré el responsable del desastre apocalíptico, aunque lo predije en la Biblia.

Diciendo esto, desapareció con la misma rapidez con que había aparecido, Susana se quedó tendida en el suelo, así permaneció por un rato hasta que despertó de su letargo y fue a acostarse, ya era demasiado tarde y su cuerpo pedía descanso.

A la mañana siguiente tendría consulta con su doctor y ya sabía de antemano cuál sería el rumbo que le daría a estas entrevistas. Se levantó muy animada, tenía la certeza de su perdón y le restaba cumplir la voluntad divina, pero…. ¿Dónde estaban los clavos? comenzó a buscarlos, mas no los encontró, llegó a pensar que todo era un sueño hasta que observó la palma de su mano derecha, ahí estaban tatuados los tres clavos. Fue al baño a lavarse las manos para salir de dudas, por más que lavó con agua y jabón, ahí estaban los clavos divinos.

Llegué a la conclusión que Dios había obrado así para evitar que los perdiera, así estaban seguros. Eso me liberaba de tal preocupación y por lo del tatuaje no había que preocuparse, era una moda tan difundida que nadie se percataría de la misión de esos clavos su «***regalo divino***».

www.ingramcontent.com/pod-product-compliance
Lightning Source LLC
LaVergne TN
LVHW041539060526
838200LV00037B/1054